Dr. Wolfgang Beier

Hemmungen und Unsicherheiten überwinden

Das Anhören dieser Audio-CD ist kein Ersatz für eine medizinische Behandlung. Es wird unbedingt geraten, bei unklaren akuten wie auch chronischen Beschwerden einen Behandler eigenen Vertrauens aufzusuchen.
Bei selbst zu verantwortendem Hinauszögern einer gegebenenfalls notwendigen Behandlung beziehungsweise bei Nichtinanspruchnahme von fachlichem Rat sind im Schadensfalle weder Verlag noch Autor haftbar zu machen. Dieses Audio-Programm versteht sich als sinnvolle Ergänzung zu einer medizinisch-kompetenten Betreuung.

Der Inhalt der Audio-CD und des Begleitbuches wurden mit größter Sorgfalt erarbeitet. Verlag, Autor und Handel können für eventuell verbliebene fehlerhafte Angaben und deren Folgen weder eine juristische Verantwortung noch irgendeine Haftung übernehmen. Ebensowenig können Verlag und Autor eine Erfolgsgarantie geben. Dahin gehende Regreßansprüche werden weder vom Verlag noch vom Autor übernommen.

Gesamtherstellung: VPL Verlag für positive Lebensgestaltung GmbH, Königswinter

Inhalt

Einleitung

Schüchternheit ist ein weit verbreitetes Phänomen, das wohl jeder schon selbst erlebt und erfahren hat. Schüchternheit macht vor niemandem halt. In bestimmten Situationen ist jeder Mensch schüchtern, es kommt eben nur auf die Umstände an.
Wer kennt nicht das Gefühl der Beklemmung, wenn man sich in einer neuen, unvertrauten Umgebung zu bewähren hat? Wer traut sich schon zu, bei einer öffentlichen Versammlung völlig unbefangen das Wort zu ergreifen? Ob es sich um eine Festansprache, um ein Vorstellungsgespräch, um den mündlich vorgetragenen Wunsch nach einer Gehaltserhöhung oder um eine banale Aufforderung zum Tanz handelt – eine Mischung aus Gehemmtheit und Verlegenheit ist stets gegenwärtig. Es kommt allerdings auf den Schweregrad an.
Für einen schüchternen Menschen wird das Leben zur stillen Qual. Er lebt in ständiger Angst vor den anderen. Der Aufenthalt in Gesellschaft ist für ihn ein K(r)ampf. Er vermeidet das Leben und zieht sich zurück in sein selbstgeschaffenes Gefängnis. Er sieht sich als Verlierer, vor allem dann, wenn er infolge feuchter Hände, belegter Stimme oder Erröten des Gesichts seine Schüchternheit nicht länger verheimlichen kann.
Schüchternheit gilt in unserer Leistungsgesellschaft als Schwäche. Wer schüchtern ist, gelangt beruflich wie auch privat schnell aufs Abstellgleis. Ihm stehen geringere Möglichkeiten offen, sich frei zu entfalten und ein erfülltes Leben zu führen.
Doch Schüchternheit ist weder eine Krankheit, mit der man geboren wird, noch unabänderliches Schicksal. Schüchternheit ist eine **erlernte Verhaltensweise**, die jeder, der den Mut zur Veränderung hat, nach und nach ablegen kann.

Entscheiden Sie sich für eine positive Lebenseinstellung

Wir leben in einer stürmischen Übergangszeit, in der es für den Menschen immer schwieriger wird, sich in der äußeren Welt zurechtzufinden. Ständig anwachsende Herausforderungen auf nahezu allen Lebensgebieten verlangen von jedem einzelnen den ganzen Einsatz und lassen ihn kaum richtig zur Ruhe kommen. Ein jeder von uns spürt es immer deutlicher: In allen Bereichen des täglichen Lebens vollziehen sich immer schneller Änderungen und Wandlungen, deren Ende noch lange nicht abzusehen ist. Um so wichtiger ist es, sich in all diesen Turbulenzen eine positive Lebenseinstellung zu bewahren.

Was versteht man unter einer **positiven Lebenseinstellung**?
Wohl jeder kennt das bekannte Paradebeispiel von dem Glas, das bis zur Hälfte mit Wasser gefüllt ist und als (noch) halb voll oder (schon) halb leer bezeichnet werden kann. So einfach dieses Beispiel ist, drückt es doch aus, in welchen Bahnen sich die Gedanken eines Menschen bewegen. Menschen reagieren auf die gleiche Situation sehr unterschiedlich. So können Hindernisse von dem einen als Herausforderung empfunden werden, während der andere an ihnen mutlos zerbricht.

Als Einstellung oder innere Haltung bezeichnet man also die Art und Weise, wie jemand Menschen, Dinge oder Werte wahrnimmt und auf sie reagiert.

Einstellungen entstehen durch vielfältige Einflüsse – durch Anlage, Erziehung, Umwelt, weltanschauliche Überzeugungen ... – und erweisen sich, sind sie erst einmal ausgeprägt, meist als sehr beständig. Sie sind im menschlichen Unterbewußtsein verankert, so daß sie dem Betreffenden oft gar nicht (mehr) bewußt sind.
Kennen Sie Ihre grundlegende Lebenseinstellung? Ärgern Sie sich über die Dornen am Rosenstrauch, oder freuen Sie sich über die Blüten? Ein Blick auf Ihr bisheriges Leben und das Erreichte kann Ihnen dabei helfen, Ihre vorwiegende Lebenseinstellung zu »entlarven«. Wer über eine negative Lebenseinstellung verfügt, sieht nur Unannehmlichkeiten, obwohl auch Angenehmes vorhanden ist. Eine negative Einstellung führt zu Resignation und Antriebslosigkeit. Wir fühlen uns wie gelähmt, werden handlungsunfähig und blind für neue Lösungsmöglichkeiten: Wir geraten in einen Teufelskreis.
Unsere Lebenseinstellung wirkt immer in zwei Richtungen: nach innen auf uns selbst und nach außen auf unsere Umwelt. Überlegen Sie einmal: In welchen Geschäften kaufen Sie ein? Welchem Zahnarzt bleiben Sie treu? Welcher Bank vertrauen Sie Ihr Geld an? Welche Bekannte laden Sie zu einer Tasse Kaffee ein? An welcher Tankstelle füllen Sie den Tank Ihres Autos? Die Antwort liegt auf der Hand: Wir gehen dorthin, wo wir mit einem Lächeln begrüßt oder bedient werden. Eine positive Lebenseinstellung kann niemand für sich behalten, sie äußert sich zwangsläufig in einer positiven Ausstrahlung. Und genau damit machen wir uns das Leben in vieler Hinsicht leichter.
Wenn Sie mit Ihrem bisherigen Leben und Ihrer bisherigen Lebenseinstellung nicht zufrieden sind, dann leiten Sie jetzt die **Wende** ein. Der folgende Abschnitt gibt Ihnen konkrete Anleitungen dazu.

Denken Sie positiv

Indem wir uns angewöhnen, bewußt auf unsere Gedanken zu achten, können wir uns schrittweise zum »Positiv-Denker« entwickeln. Dies geht nicht über Nacht, werden wir doch täglich von Negativ-Botschaften heimgesucht. Wieviel wirklich Positives läßt sich zum Beispiel einer Tageszeitung oder einer Nachrichtensendung entnehmen? Auch unsere Mitmenschen gehen nicht immer mit Samthandschuhen mit uns um. Sie werden selbst von negativen Gedanken gequält und geben ihre Negativität an ihre Umgebung weiter. All dem müssen wir fortan die Stirn bieten. Wir müssen der »Negativ-Infiltration« einen Riegel vorschieben!

Die Qualität unserer Gedanken können wir uns dadurch bewußt machen, daß wir auf unsere Worte achten. Denn es sind Gedanken, die unseren Worten vorausgehen. Wir müssen uns **sensibilisieren** für typische Negativ-Formulierungen, die wiederum auf unsere negative Denkweise rückschließen lassen. Hier zur Verdeutlichung einige weit verbreitete Beispiele:

»Das kann ich nicht.«
»Dazu bin ich zu alt, zu ungeschickt, zu müde ...«
»Ich habe nicht die Geduld dazu.«
»Ich habe keine Möglichkeit mehr, etwas zu ändern.«

Jeder kennt solche und ähnliche Äußerungen. Derartige Sätze schwächen uns, machen mutlos. Diesen *»Ich kann nicht«*-Aussagen setzen wir die entsprechenden *»Ich kann«*-Aussagen entgegen. Das klingt dann so:

»Ich kann das, und was ich nicht kann, werde ich lernen.«
»Das Alter ist kein Hinderungsgrund. Ich fühle mich jung genug für diese Aufgabe.«
»Ich werde die Geduld aufbringen, die ich brauche.«
»Ich bin imstande, die nötigen Veränderungen herbeizuführen.«

Sie merken, was gemeint ist. Nehmen Sie nun einen leeren Bogen zur Hand und notieren Sie Ihre ganz persönlichen Negativ-Aussagen, die Ihnen spontan einfallen.

Erkenntnis ist der erste Schritt zur Umkehr! Alles, was wir gelernt haben – negatives Denken ebenso wie die daraus resultierenden negativen Aussagen – können wir wieder verlernen. Wir sind bis an unser Lebensende fähig, umzulernen beziehungsweise neu zu lernen.

Keiner muß bleiben wie er ist!

Positive Aussagen, die man in kurzen, kraftvollen Worten immer wieder (in möglichst entspanntem Zustand) zu sich selbst sagt, nennt man auch **Affirmationen**. Beipiele:

»Ich werde sicher die Prüfung bestehen.«
»Ich kann frei und selbstbewußt reden.«

Hier noch einige »Fallen«, die für negativ denkende Menschen typisch sind und die Sie ab sofort vermeiden sollten:

Falle 1 : Das ständige Wenn und Aber
»Wenn ich genug Geld hätte, könnte ich tun und lassen, was ich will, aber so muß ich weiterhin meiner ungeliebten Arbeit nachgehen.«

Falle 2 : Die Schuldzuweisung
»Mein Mann, meine Arbeit, mein Nachbar ... ist schuld daran, daß ...«
(Falle 1 und 2 lassen sich auch unter dem Begriff **Ausrede**n zusammenfassen – ein weit verbreiteter »Virus«.)

Falle 3 : Das Aufschieben
Alles auf morgen oder auf irgendwann in der Zukunft aufzuschieben ist ein untrügliches Zeichen einer negativen Lebenseinstellung. Auf diese Weise wird alles beim alten bleiben ...

Falle 4 : Das Verleugnen oder *Nicht-wahrhaben-wollen*
Viele Menschen neigen dazu, bei Problemen den Kopf in den Sand zu stecken – wie der berühmte Vogel Strauß.

Falle 5 : Die Projektion
Bei der Projektion werden eigene Verhaltensweisen oder unangenehme Charakterzüge nicht bei einem selbst, sondern nur bei anderen wahrgenommen. So unterstellt man z.B. dem Partner, ständig wütend zu reagieren, tatsächlich aber wird man selbst bei jeder Gelegenheit aggressiv.

Falle 6 : Das Vermeiden
»Eigentlich wollte ich gestern dieses Buch lesen, doch dann habe ich mich entschlossen, zum Baden zu gehen.«
Man achte auf das Wort *»eigentlich«*, ein Wort, das uns zu denken geben sollte ...

Machen wir uns nichts vor – nach wie vor gilt: Jeder ist seines Glückes Schmied. **Sie selbst** sind Ihres Glückes Schmied! Ihr Leben ist Ihr Spiegel! Sie allein tragen für den weiteren Verlauf Ihres Lebens die Hauptverantwortung.

Positiv denken hat nichts mit **Schönfärberei** zu tun, wie es oft gerade von negativ denkenden Menschen behauptet wird. Positiv denkende Menschen glauben daran, daß ihnen vieles gelingt, woran andere scheitern. Positiv denkende Menschen sind davon überzeugt, daß negatives Denken das Leben vergiftet. Positiv denkende Menschen wissen, daß Gedanken dynamische Kräfte sind, die das Bestreben haben, sich zu verwirklichen. Vor allem aber wissen sie, daß positives Denken allein nicht ausreicht – es muß zu positiven **Taten** führen. **Auf das Handeln, auf das Tun kommt es letztlich an!** Und damit man bei Widerständen nicht vorzeitig aufgibt, zählt eines ganz besonders: Der Glaube an sich selbst!

Glauben Sie an sich selbst

Wer wirklich positiv denkt, fängt damit bei sich selbst an, das heißt, er denkt und redet über sich in positiver Weise. Ein solcher Mensch lobt sich selbst und ist auch imstande, Lob und Anerkennung von anderen anzunehmen. Wer von sich positiv denkt, kennt keine falsche Bescheidenheit. Er stellt seine Fähigkeiten nicht unter den Scheffel, bewahrt sich einen gesunden Egoismus, ohne deswegen überheblich zu sein. Wer positiv denkt, nutzt die Kraft der Suggestion, indem er zu sich selbst nach vollbrachter Leistung sagt: *»Das hast du wirklich prima hingekriegt«*. Und auch mit kleineren oder größeren Selbst-Belohnungen, die ihn immer wieder »auf Kurs« halten, geht er überaus großzügig um.
Ein starkes Selbstwertgefühl, das bissige Kritik ignoriert und aus konstruktiver Kritik einen Nutzen zieht, ist das A und O für jeglichen Lebenserfolg.

Man muß nicht perfekt und vollkommen sein, um sich wertvoll zu fühlen und auf sich stolz zu sein.
Nehmen Sie erneut einen leeren Bogen zur Hand, und notieren Sie (bis Sie nicht mehr weiter wissen):

»Ich bin stolz darauf, daß ...«
»Ich bin stolz darauf, daß ...«

Wer sich selbst nicht achtet, wird auch von anderen nicht geachtet. Mit welchen Menschen sind Sie lieber zusammen – mit solchen, die sich selbst für wertlos halten oder mit Menschen, die sich achten, sich mögen, sich ihrer Stärken (und Schwächen) bewußt sind? Wer ohne Selbstwertgefühl seinen Mitmenschen gegenübertritt, wird auch entsprechend behandelt – nämlich wie ein Versager. Er wird ein Spielball der Umwelt, ein Fußabtreter für andere.

Lösen Sie sich von einer übertriebenen Demutshaltung, und bekennen Sie sich freimütig zu dem biblischen Gebot: **»Liebe deinen Nächsten wie dich selbst.«** Fangen Sie gleich damit bei sich selbst an!
»Ich bin okay – Du bist okay« – auch dieser Kernsatz ist eine gute Leitlinie fürs Leben.
Der Glaube an sich selbst ist wie Wasser für die Blumen. Ohne Wasser wird auch die schönste Blume früher oder später vertrocknen und eingehen. Ohne Glauben an sich selbst werden Sie früher oder später ...

Wie erhält man sich nun den Glauben an sich selbst?
Wir erhalten uns diesen Glauben, indem wir uns **Ziele** setzen und diese auch erreichen. Ziele, die wir entschlossen und beharrlich verfolgen, bis wir sie schließlich verwirklicht haben, sind **Balsam für unser Selbstwertgefühl**. Ziele sind das beste Gegenmittel, um negatives Denken zu überwinden. Fangen Sie daher jetzt gleich damit an:

1. Setzen Sie sich ein erreichbares Ziel.
2. Beginnen Sie mit kleinen Schritten.
3. Ergreifen Sie noch heute die Initiative.
4. Konzentrieren Sie sich auf Ihre Erfolge und nicht auf Rückschläge.

Malen Sie sich bildhaft und mit viel Gefühl aus, wie Sie das Ziel erreichen oder bereits erreicht haben. Diesen Vorgang der gelenkten Vorstellungskraft nennt man **Imagination**. Erwarten Sie das Erwünschte regelrecht, denn Erwartungen haben eine starke Anziehungskraft. Und bei all dem ist eines ganz wichtig: Entspannen Sie sich!

Wandeln Sie Streß in Gelassenheit um

Krankhafter Streß, unter dem wir alle mehr oder weniger leiden, ist der größte Erfolgs-Saboteur unserer Zeit. Für den, der verkrampft durchs Leben hetzt, wird das Dasein zu einem einzigen K(r)ampf. Typisch für den heutigen Menschen ist es, ständig unter Spannung, unter »Strom«, zu stehen. Daueranspannung ist für viele zum Normalzustand geworden. Streß aber ist vor allem eine Einstellungssache. Sie selbst entscheiden, ob Sie sich ärgern, aufregen, stressen, überfordern lassen. Wer ständig über Streß klagt, praktiziert einen falschen Lebensstil.

Bringen Sie Übersicht, Klarheit und Ordnung in Ihr Leben. Lassen Sie weg, was nicht wirklich wichtig ist.

Man muß nicht alles können, tun und wissen. Man muß nicht auf allen Hochzeiten tanzen. **Loslassen macht gelassen.** Entscheiden Sie, für was Sie Ihre Zeit verwenden wollen. Streß kann man verlernen – Gelassenheit kann man (wieder) lernen. Kommen Sie wieder zu sich selbst. Entdecken Sie die Kunst des Seins. Wir brauchen weder Kloster noch Einsiedelei. Unser »Ashram« ist der Alltag, er ist immer da, wo wir gerade sind. Lernen Sie vor allem, richtig und bewußt zu atmen. Richtiges Atmen bringt Kraft, Ausdauer und Gelassenheit. Gehen Sie dabei einfach und unkompliziert vor:

- Setzen oder stellen Sie sich bequem hin (es klappt auch beim Gehen).
- Verfolgen Sie, wie der Ein-Atem in den Bauchraum hinabsinkt.
- Spüren Sie, wie der Aus-Atem sich im ganzen Körper ausbreitet.
- Lassen Sie dabei Mund und (wenn möglich) Augen geschlossen. Atmen Sie in dieser Weise sieben- bis zehnmal.

Vertrauen Sie auf diesen treuesten und besten Freund: Ihren Atem. Überall erkennen wir Menschen mit dem »Ich-brauche-Hilfe«-Blick. Lächeln Sie! – Damit helfen Sie sich und eben diesen Menschen. Lächeln löst verspannte Muskeln und führt zur Mitte. Lächeln ist Meditation. Beim Lächeln strömen »Glückshormone« durch Ihren Körper ...

Lassen Sie die Vergangenheit los

Viele Menschen sind trotz äußerer Erfolge unsicher und gehemmt. Das Gefühl der Selbstzweifel und Minderwertigkeit nagt an ihnen. Sie fühlen sich nicht so sicher und frei, wie sie es gerne wären. – Woher kommt dieses Gefühl, nicht gut genug zu sein, und im Vergleich mit anderen vermeintlich schlechter abzuschneiden?
Wir kommen nicht mit dem Stempel der Minderwertigkeit auf diese Welt. Wer sich schüchtern und gehemmt fühlt, der ist es im Laufe seines Lebens geworden. Die ersten Lektionen lernen wir, während wir heranwachsen, also in unserer Kindheit. Ein kleines Kind begegnet anderen Menschen noch mit einer natürlichen Unbefangenheit, lächelt diese an und beginnt ein Gespräch. Wie schwer dagegen tun wir uns, auf andere zuzugehen, sie anzulächeln oder anzusprechen? Wo ist unsere Natürlichkeit geblieben, was hat unser einstmals so großes Selbstvertrauen zerstört?

Zwei Ursachen sind es, auf die sich Schüchternheit und Hemmungen zurückführen lassen. Sie sind unter fast allen Menschen auf der ganzen Welt verbreitet:

Die Angst vor der Ablehnung
Die Angst zu versagen

Diese beiden Ängste hindern uns daran, selbstsicher und mutig aufzutreten. Würden wir uns von der Angst, von anderen abgelehnt zu werden, und der Angst zu versagen nicht lähmen lassen, könnten wir uns frei entfalten und – glücklich werden.
Woher kommt die Angst vor Ablehnung? Von klein auf machen wir Erfahrungen, die unser Denken, Fühlen und Handeln prägen. Wir konnten als Kind nicht selbst für uns sorgen und waren auf die Zuwendung unserer Eltern angewiesen. Wir konnten es uns nicht leisten, von ihnen abgelehnt zu werden. Dieses Muster, es anderen recht machen und anderen gefallen zu wollen, hat sich aus Überlebensgründen tief in uns eingeprägt.

Woher kommt die Angst zu versagen? Oft und manchmal auch auf verletzende Weise wurden wir auf unsere Schwächen und Fehler aufmerksam gemacht. Wir wurden mehr getadelt als gelobt. Sätze wie »Du dumme Gans«, »Du Idiot« oder »Du Versager«, haben unser Selbstwertgefühl demontiert – und dies nicht einmal aus böser Absicht von seiten unserer Eltern. Heute sind **Sie** jedoch kein Kind mehr. Lassen Sie daher diese beiden angelernten Urängste **jetzt** los!

Machen Sie Schluß mit Ihren Minderwertigkeitsgefühlen

Wir fühlen, wie wir denken. Das heißt: Selbstsicherheit beginnt in Ihrem Kopf. In dieser Erkenntnis liegt der Schlüssel zur »Heilung«. Sie können sich selbst aus der Rolle des Opfers befreien und zum Steuermann Ihrer Gefühle werden. Kein Mensch kann Ihnen schlechte Gefühle irgendwelcher Art einflößen, wenn **Sie** es nicht zulassen. Niemand kann Ihre Gefühle verletzen. Jeder Mensch macht sich seine Gefühle selbst. Jeder allein entscheidet, ob er sich ärgern will, sich verletzt fühlen oder deprimiert sein will. Wäre es umgekehrt, hätten andere die Macht, über unsere Gefühle zu bestimmen (wie es von vielen Interessengruppen immer wieder versucht wird), würden wir zum Spielball anderer. Unser Leben wäre trostlos. Doch wir müssen nicht wie ein erstarrtes Kaninchen vor der

Schlange sitzen. Wir schaffen unsere Gefühle selbst – die guten wie die schlechten. Und dies ist unsere große Chance.

Jeder ist für seine Gefühle selbst verantwortlich.

Machen Sie eine Liste mit allen Gefühlen, die Ihre Unsicherheit, Minderwertigkeit, Schüchternheit ausdrücken. Nehmen Sie dafür einen großen, leeren Bogen. Fragen Sie sich beim Durchlesen jedes einzelnen Gefühls dieser Liste:

Will ich mich weiterhin so fühlen?
Wer zwingt mich, daß ich dieses Gefühl in mir zulasse?

Heute, als Erwachsener, können Sie keinem anderen mehr die Schuld geben. Sie allein entscheiden, ob Sie sich nach einem Mißerfolg oder Rückschlag deprimiert fühlen (wollen). Und Sie können im Falle einer Ablehnung entscheiden, sich **nicht** minderwertig zu fühlen.

Motivieren Sie sich zum Handeln

Wenn Sie wollen, daß sich in Ihrem Leben etwas zum Besseren verändert, müssen Sie etwas tun, Sie müssen **Handeln.** Vom Nichtstun wird es nur schlechter. Seine Schüchternheit überwindet man nicht, indem man untätig im Sessel sitzt. Grundsätzlich wird unser Handeln von zwei Impulsen bestimmt:

Von der Hoffnung auf etwas Positives
Von der Angst vor etwas Negativem

Wir tun nie etwas, ohne dafür einen Grund zu haben. Viele unserer Tätigkeiten haben die Angst als Grundmotiv. Unternehmen Sie in Zukunft mehr Dinge aus Hoffnung auf etwas anstatt aus Angst vor etwas. Haben Sie einen Grund für hoffnungsvolles Handeln, dann setzen Sie ihn auch um. Schieben Sie das, was Sie sich vorgenommen haben, nicht auf. Auch dann nicht, wenn es sich um unangenehme oder lästige Pflichten handelt. Lassen Sie nicht zu, daß sich Berge unerledigter Dinge auftürmen. Handeln Sie nach der bewährten Methode: »Was du heute kannst besorgen, das verschiebe nicht auf morgen.« Und so motivieren Sie sich selbst:

1. Machen Sie sich die Vorteile bewußt, die Sie durch Ihre »Tat« gewinnen werden.
2. Erledigen Sie unangenehme Aufgaben sofort.
3. Vergessen Sie Worte wie *»Ich muß«* oder *»Ich sollte«*. Sie **müssen** gar nichts. Sie **wollen** (oder etwa nicht?).
4. Handeln Sie nicht nach Lust und Laune. Tun Sie, was Sie sich vorgenommen haben. Gehen Sie dabei in Teilschritten vor.
5. Fordern und **loben** Sie sich.

Nutzen Sie Ihre Vorstellungskraft

Mit Hilfe der Vorstellungskraft können wir uns innerlich ausmalen, wie wir in einer bestimmten Situation denken, fühlen und handeln wollen. Wir können also zukünftige Situationen gedanklich vorwegnehmen. Damit machen wir uns bereits im Vorfeld mit einem bestimmten Ereignis nicht nur vertraut, sondern wir bestimmen sogar seinen Ablauf.

Nehmen wir ein Beispiel: Sie haben einen Termin für ein Vorstellungsgespräch. *Setzen Sie sich bequem hin, und schließen Sie die Augen. Atmen Sie einige Male durch die Nase tief ein und aus. Stellen Sie sich nun einen »inneren Bildschirm« vor. Sehen und erleben Sie sich, wie Sie beim Vorstellungsgespräch sicher und ruhig die Fragen beantworten. Spüren Sie die wohlwollende Atmosphäre während dieser Unterhaltung. Hören Sie am Ende des Gesprächs Ihr Gegenüber sagen, daß* ***Sie*** *die Stelle erhalten werden.*

Vorstellungsübungen – Imaginationen – können Sie für jeden Anlaß einsetzen:
»Sehen« Sie sich, wie Sie beim Elternabend frei und sicher das Wort ergreifen und Ihre Meinung vortragen.
»Sehen« Sie sich, wie Sie jemanden zum Tanzen auffordern.
»Sehen« Sie, wie Sie im Geschäft ein defektes Gerät reklamieren.

Fangen Sie an, sich zu achten

Wenn Sie zum Beispiel durch eine Prüfung fallen, ist es korrekt, wenn Sie sagen, daß Ihre Leistung schlecht war – sofern es tatsächlich daran lag. Falsch wäre es jedoch, wenn Sie sich deshalb einen Versager nennen würden. Mit »Versager« drücken Sie sich ein Etikett auf, Sie stempeln sich damit zu Unrecht als minderwertig ab.

Das bedeutet: Trennen Sie Ihre Leistung bzw. Ihr Verhalten von Ihrer Person. Sie sind kein schlechter Mensch, nur weil Sie eine schlechte Leistung erbracht haben. Sie sind keine Null, weil Sie sich nicht trauen, vor einer Gruppe frei zu sprechen. Indem wir die schlechte Beurteilung unseres Verhaltens auf unsere Person ausdehnen, bekommen wir schwere seelische Probleme. Würden wir einen Apfelbaum für minderwertig halten oder ihn gar fällen, nur weil er einige faule Äpfel hat?

Trennen Sie den Wert Ihres Verhaltens von dem Wert, den Sie grundsätzlich als Mensch haben.

Akzeptieren Sie sich als einen unvollkommenen, fehlerhaften Menschen, aber verurteilen Sie sich deswegen nicht. Es gibt etwas in Ihrem Leben, das Sie nirgends kaufen können und das Ihnen kein anderer Mensch geben kann. Dennoch ist es das Wertvollste, was Sie in Ihrem Leben besitzen können: **Selbstachtung**. Und der Name sagt es ganz klar: Nur **Sie** können sich dieses Geschenk machen.

Lernen Sie, selbstbewußt zu sein

Schüchternheit und Hemmungen kann man nur überwinden, wenn man den Schritt von der Theorie zur Praxis macht. Vom Lesen allein wurde noch keiner selbstbewußt. Hier zehn einfache Übungsschritte, die Sie auf Ihrem Weg ein gutes Stück weiterbringen werden:

1. Sagen Sie nicht (mehr) »ja«, wenn Sie eigentlich »nein« sagen wollen
2. Hören Sie auf, es anderen immer nur recht machen zu wollen.
3. Gewöhnen Sie sich eine aufrechte Körperhaltung an, mit der Sie Ihrer Umwelt Sicherheit signalisieren.
4. Sprechen Sie laut und deutlich. Heben Sie dabei Ihre Stimme etwas an.
5. Blicken Sie Ihrem Gegenüber in die Augen. Wer verlegen zum Boden oder zur Decke schaut, drückt Unsicherheit aus. Allein der Blickkontakt bei einer Unterhaltung ist Gold wert.
6. Halten Sie Ihren Gesichtsausdruck nicht starr und leblos. Lernen Sie es, Menschen anzulächeln.
7. Gewöhnen Sie sich einen festen Händedruck an. Ein lascher Händedruck verrät Unsicherheit.
8. Äußern Sie Ihre Wünsche in der Ich-Form. Hören Sie auf, von »man« zu sprechen.

9. Lernen Sie, Fragen zu stellen und um etwas zu bitten. Entschuldigen Sie sich deswegen nicht.
10. Fangen Sie an, Ihr Wissen auf möglichst vielen Gebieten zu erweitern. Wer mehr weiß, kann besser mitreden.

Machen Sie sich einmal klar: Wir Menschen lernen Auto fahren, obwohl wir uns am Anfang noch unsicher hinter dem Steuer fühlen. Wir gehen zum Zahnarzt, obwohl wir nicht ganz frei von Ängsten sind.
Selbstsicherheit kann man nur erlangen, wenn man etwas tut, obwohl man noch unsicher ist. Die Sicherheit kommt erst beim **Tun**. Sie kommt – so wie wir es ja auch von anderen Fähigkeiten kennen – erst durchs **Üben**. Sie können – im Laufe der Zeit – Hemmungen und Unsicherheiten überwinden und sich in die Person verwandeln, die Sie sein möchten. **Wagen Sie den Sprung!**